如诗如画的中国

段张取艺——著绘

中信出版集团│北京

图书在版编目（CIP）数据

如诗如画的中国. 西安 / 段张取艺著绘. — 北京：
中信出版社，2022.7（2025.8重印）
ISBN 978-7-5217-4153-7

Ⅰ. ①如… Ⅱ. ①段… Ⅲ. ①中国历史—儿童读物②
西安—地方史—儿童读物 Ⅳ. ①K209②K294.11-49

中国版本图书馆CIP数据核字(2022)第047589号

如诗如画的中国：西安

著　　绘：段张取艺
出版发行：中信出版集团股份有限公司
　　　　　（北京市朝阳区东三环北路27号嘉铭中心　邮编　100020）
承 印 者：北京联兴盛业印刷股份有限公司

开　　本：889mm×1194mm　1/12　　印　　张：$4\frac{1}{3}$　　字　　数：58千字
版　　次：2022年7月第1版　　印　　次：2025年8月第10次印刷
书　　号：ISBN 978-7-5217-4153-7
定　　价：40.00元

出　　品：中信儿童书店
图书策划：小飞马童书
顾　　问：胡妍
审读学者：李燕　王进展
策划编辑：赵媛媛　白雪
责任编辑：王琳
营销编辑：胡宇泊
封面设计：刘潇然
内文排版：李艳芝

版权所有·侵权必究
如有印刷、装订问题，本公司负责调换。
服务热线：400-600-8099
投稿邮箱：author@citicpub.com

前言

在人类社会发展演化的过程中，广袤无垠的大地上那些如星火般散落的聚居点逐渐凝聚，这些凝聚的星星点点的聚落又慢慢地发展。就这样，一座一座的城市出现了。城市的形成，宣告了人类文明进入一个新的阶段。

这些星罗棋布的城市宛如大地上的颗颗宝石，美丽又多姿。虽然城市的功能大体相同，但演化出来的面貌却千姿百态：有的开山采石而建，有的伐木和泥而成；有的依山傍水，有的身处大漠；北方的城市自有北方的雄浑，南方的城市也有南方的绮丽……这些人类文明的结晶，演绎着一幕幕动人的故事，也承载了一代代的兴亡传说。

我们要讲述的就是这片土地上一座座城市的故事。我们讲述过人的故事，讲述过王朝的故事，却鲜少讲述城市的故事。我们每一个生活在城市里的人，都与城市朝夕相处，感受着城市的文明繁华，也感受着城市的喧嚣迷离，却很少深入去了解，它的故事究竟是怎样的。

西安，曾有过赫赫宗周、秦扫六合，也有过与罗马并峙东西的汉王朝，更有过辉煌灿烂、万邦来朝的大唐。昭君由此出塞，玄奘由此西行；铁骑大军从这里出发横扫匈奴，丝绸商队也从这里远行西域、罗马。在这里，你能感觉到那个逝去的时代余留的脉动，也能寻找到汉唐时期就蕴含在城市骨髓里的豪迈激情。

漫长的时间积淀出了城市无数精彩跌宕的故事。然而，我们叙述的篇幅有限，只能从其中摘选出最为耀眼的篇章，窥一斑而知之。

城市的故事如诗，城市的变化如画。在这片富饶的土地上，在这一座座美丽的城市中，人们辛勤地耕耘，用无穷的智慧雕琢出如诗如画的中国。这就是我们要讲述的城市的故事。

张卓明

2022 年 6 月

在西安数千年的建城历史中，先后有西周、秦、汉、唐等 13 个王朝在此建都，从"丰镐"到"西安"，每一个名字的变更都折射出朝代的起与落、兴与衰，也见证了西安沉浮的历史。

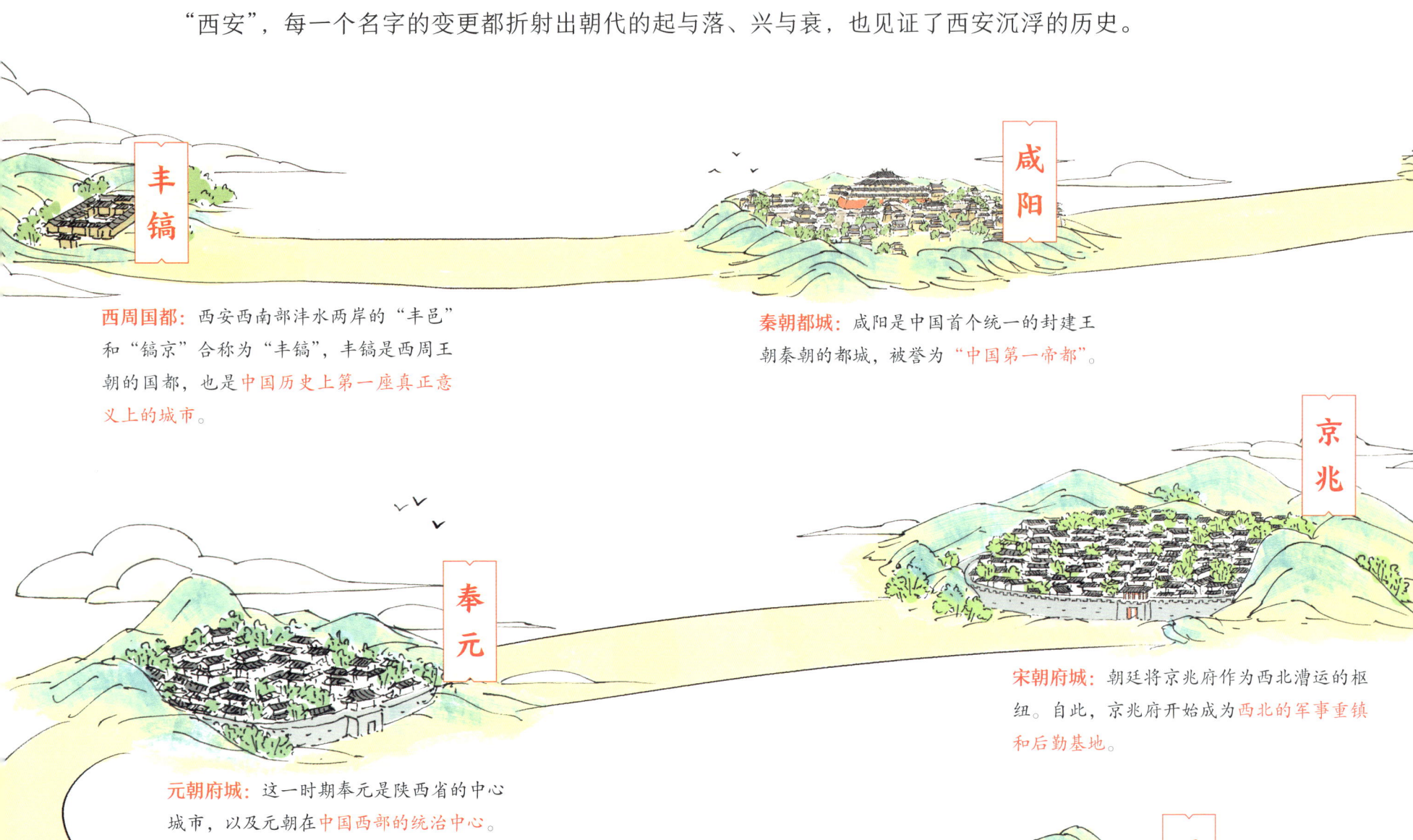

西周国都： 西安西南部沣水两岸的"丰邑"和"镐京"合称为"丰镐"，丰镐是西周王朝的国都，也是中国历史上第一座真正意义上的城市。

秦朝都城： 咸阳是中国首个统一的封建王朝秦朝的都城，被誉为"中国第一帝都"。

宋朝府城： 朝廷将京兆府作为西北漕运的枢纽。自此，京兆府开始成为西北的军事重镇和后勤基地。

元朝府城： 这一时期奉元是陕西省的中心城市，以及元朝在中国西部的统治中心。

明清府城： 明朝大将徐达改"奉元"为"西安"，西安之名正式形成。明清西安城奠定了现代西安的基本格局，成为西北地区的中心城市。

西安变迁简史

西汉都城： 汉高祖定都长安，意为"长治久安"。汉武帝时开通了以长安为起点的丝绸之路，长安成为东方文明的中心，史称"西有罗马，东有长安"。

魏晋南北朝地方政权中心： 中国进入了大分裂时代。先后有多个政权定都长安，由于社会动荡、战乱频繁，长安逐渐成为民族大融合时期的北方中心。

唐朝都城： 唐朝时期，长安的发展达到顶峰。长安是当时世界上最大、人口最多的城市之一，东西方商业、文化于此交流，是第一座真正意义上的国际大都会。

现代省会城市： 现代西安为陕西省省会，也是中国西部地区重要的中心城市。

秦朝
咸阳

　　大秦帝国的都城咸阳，在今天西安的北部，地跨渭河南北，在作为诸侯国秦国和秦帝国的都城的144年里，是秦的中枢所在。秦朝是中国历史上第一个统一的中央集权制国家。秦始皇统一了文字、货币和度量衡，为经济、文化的发展提供了便利条件，而咸阳作为秦朝的政治中心，开始影响着整个中国的历史进程。

诗经·秦风·无衣

[先秦] 佚名

岂曰无衣？与子同袍。王于兴师，修我戈矛。与子同仇！
岂曰无衣？与子同泽。王于兴师，修我矛戟。与子偕作！
岂曰无衣？与子同裳。王于兴师，修我甲兵。与子偕行！

《诗经·秦风·无衣》写的是周朝丰镐遭受犬戎进攻时，秦人披上铠甲，共同御敌的情景。秦人所居接近王都，在王都有难时，他们团结一心、同袍共战，保卫国家。秦人的团结和英勇，也一直传承下来，成为秦朝征服四海的精神内核。

咸阳诞生了

从公元前 11 世纪起，西周的都城丰镐就在关中平原建立，丰镐在西周期间发展比较缓慢，然而随着咸阳的诞生，这片土地迎来了不一样的历史机遇。

从丰镐到咸阳

西周后期，由于西北民族犬戎不断南下骚扰，周朝放弃了都城丰镐，向东边迁移。因为秦人在迁都过程中护驾有功，秦国被封为周朝的诸侯国。秦国为了发展，曾多次迁都，最终定都咸阳。

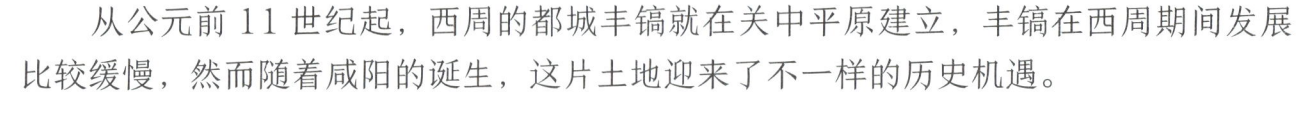

秦人击败犬戎，夺取大片土地，国力得以壮大。

历史小百科

秦都咸阳包括现在的咸阳市和西安市的部分地区。古人认为山南水北为阳。咸阳位于九嵕山以南，渭水以北，"咸"有"都"的意思，所以咸阳意为"都是阳面"。

嬴政的大动作

秦王嬴政一边吞并六国,一边对咸阳进行大规模扩建。当时,全国各地的工匠纷纷赶往咸阳,修建宫殿、水渠以及道路。咸阳迎来历史上的大发展时期。

长城:战国时,秦、赵、燕等国都分别修建了长城来防御其他诸侯国及抵御北方民族来犯。秦长城在修建时,大多就地取材,因此有些段是由黄土垒成的,有些段是由石头砌成的。

女墙:矮墙,常作为掩护用。

历史小百科

为了方便巡视全国,嬴政修建驰道,形成了由咸阳为中心辐射全国的道路网,只要是嬴政所到之处,都有驰道连通,堪称"高速公路"的鼻祖。

财富聚集的帝都

秦始皇统一全国后，咸阳成为全国的政治、经济、交通和文化中心。在这里，聚集了大量富有的商人和大批来自五湖四海的工匠，咸阳得以飞速发展，规模空前宏大。

把有钱人搬过来

秦始皇下令把天下 12 万户贵族、富豪等全部搬到咸阳，财富源源不断地输送到咸阳，咸阳这下更富有了。

食盐铺：当时手工业销售量最大的商品之一。

外商需要获得商业"通行证"，才能从事商业活动。

历史小百科

为了加强管理，秦始皇还将民间用金属铸成的兵器全部收集到咸阳，熔铸成十二个铜人和铜钟。

修建巨型"办公楼"

随着搬迁的新居民涌入，咸阳城开始变得拥挤起来。秦始皇觉得先王的宫殿太小，实在是配不上自己的身份。他决定在城郊修建一组更豪华的宫殿，取名"阿房宫"。规划的面积是如今紫禁城的4倍，被誉为"天下第一宫"。

店主用统一的标尺丈量布匹。

秦朝的一斤大约是今天的250克。

历史小百科

秦始皇修建阿房宫动用了数十万民众，使得百姓生活困苦，各地民怨纷纷。由于王朝存在时间并不长，实际上阿房宫并未建成。杜牧在《阿房宫赋》中，说阿房宫五步一座楼，十步一座阁，实际上都是他的想象，他只是想借阿房宫告诉统治者不要学秦始皇贪图享乐。

规模宏大的帝王陵

秦始皇在即位之初就开始在骊山脚下修建他的陵墓,至死也没有完成。陵墓规模庞大,设计完善。秦始皇陵南依骊山,北临渭水。

秦朝这些规模浩大的工程劳民伤财,弄得民不聊生,各地农民开始纷纷反抗。

陶制的大军护卫帝王

秦始皇能够统一中国,军队就是他制胜的法宝。在他的陵墓里面,也有一支由陶土制成的地下大军,陶兵马组成严整的军阵,是秦王朝强大国力和军威的象征。

武士俑:数量最多、装束最丰富的兵种。

跪射俑:右膝抵地,左腿蹲曲,有利于稳定身体。

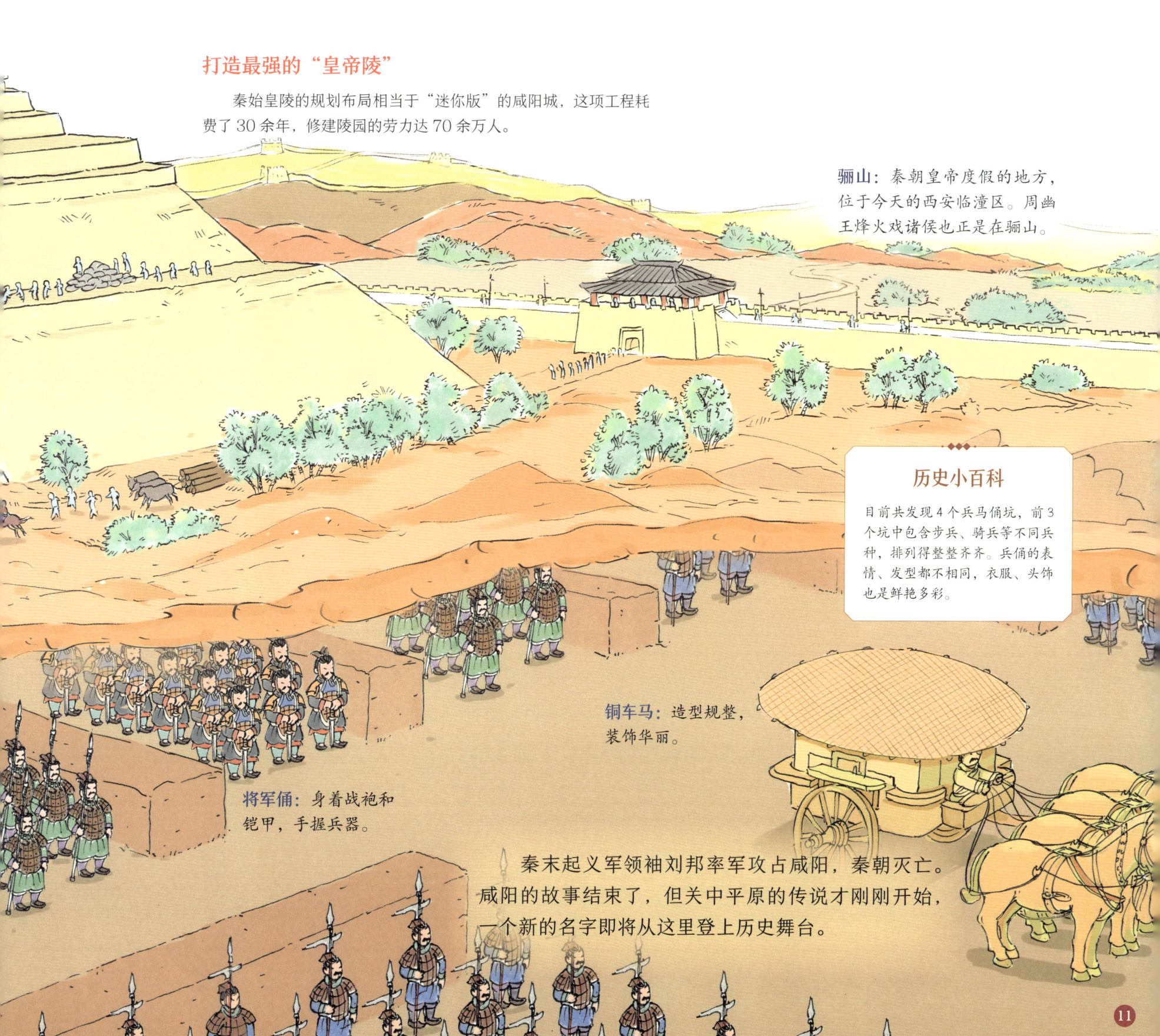

打造最强的"皇帝陵"

秦始皇陵的规划布局相当于"迷你版"的咸阳城,这项工程耗费了30余年,修建陵园的劳力达70余万人。

骊山:秦朝皇帝度假的地方,位于今天的西安临潼区。周幽王烽火戏诸侯也正是在骊山。

历史小百科

目前共发现4个兵马俑坑,前3个坑中包含步兵、骑兵等不同兵种,排列得整整齐齐。兵俑的表情、发型都不相同,衣服、头饰也是鲜艳多彩。

铜车马:造型规整,装饰华丽。

将军俑:身着战袍和铠甲,手握兵器。

秦末起义军领袖刘邦率军攻占咸阳,秦朝灭亡。咸阳的故事结束了,但关中平原的传说才刚刚开始,一个新的名字即将从这里登上历史舞台。

汉朝
长安

秦朝灭亡后,汉高祖刘邦建立汉朝,统一天下。都城地址选在咸阳附近的长安乡,取名"长安"。这片土地上一个响亮的名字诞生了,它将随着历史的发展影响整个世界。

有感五首（其一）

［唐］杜甫

将帅蒙恩泽，兵戈有岁年。
至今劳圣主，何以报皇天。
白骨新交战，云台旧拓边。
乘槎断消息，无处觅张骞。

汉武帝时期的大军从长安出发，横扫匈奴。数百年后的一天，吐蕃进攻大唐，长安危在旦夕，杜甫写出了《有感五首》，诗中引用"张骞乘槎"这个典故借古喻今，表达出自己对汉朝长安的向往之情。

长治久安的意愿

汉高祖刘邦希望他建立的王朝能够国运长久，社会安定，因此将都城取名为"长安"。然而此时国家刚经历严重的战乱，百废待兴，这个美好的意愿能不能实现还是一个未知数。但无论如何，西安的故事仍在继续。

刘邦：汉高祖，汉朝的开国皇帝。

萧何：汉初名臣。

破败的开局

汉初物资匮乏，就连汉高祖出行，都找不到四匹颜色相同的马来拉车，大臣们只能坐牛车上朝。

丞相萧何负责建设都城。考虑到国库空虚，大兴土木更是会加重百姓的负担，因此，他直接改造秦朝遗留下来的宫殿，建成了长乐宫和未央宫。而古代建造城市必备的城墙，直到汉高祖的儿子当上皇帝后才慢慢建成。

历史小百科

"长乐未央"意为欢乐永不停止，长乐宫和未央宫分别与其对应。"未央"二字最早出自《诗经》中的"夜未央，庭燎之光"。

县令和农业官员在参与农业培训，指导农民科学种地。

一心一意谋发展

国家没有钱，百姓更是穷困。汉高祖让士兵解甲归田，回乡生产，鼓励大家开荒种粮。汉初农民每十五份粮食只需要上缴一份作为税，后期变成三十份交一份税，甚至不用交税。

就这样，长安慢慢发展起来，国家也慢慢地从战争造成的衰败中恢复过来。

梿枷：把麦粒从麦秆上打落的工具。

汉朝时大量修建水渠、运河，保证充足的灌溉水源。

历史小百科

关中的气候适合种植小麦，因此汉武帝刘彻下令推广种植小麦，保证了农民粮食的收成。自此以后，小麦成为北方的主要粮食作物。

欣欣向荣的城市

经过几十年的稳定发展,汉朝逐渐强大起来,国库充实,百姓丰衣足食。随着具有雄才大略的汉武帝登上他的宝座,长安逐渐成为东西方瞩目的中心。

汉武帝对长安城进行了大规模的扩建,城内扩建了北宫、桂宫、明光宫等宫殿,完善国家图书馆以及大学,在城西扩建了上林苑,开凿了昆明池,使长安成为一座规模空前的城市。

汉朝的多功能国家图书馆

石渠阁建立于汉初,是西汉的国家图书馆和档案馆。汉武帝时,石渠阁被改造成了多功能图书馆,收藏了大量古籍图书,司马迁写《史记》就参考了这里的档案,汉宣帝还诏令诸儒于此讲论"五经"异同。

石渠阁周围有石砌的渠沟,渠中引入水围绕阁四周,防火防盗。

博士: 汉朝时负责掌管图书,汉武帝时专门负责传授经学。

历史小百科

汉武帝时期,长安建立了中国历史上"第一所大学"——太学。王莽即位时,博士弟子达一万余人。

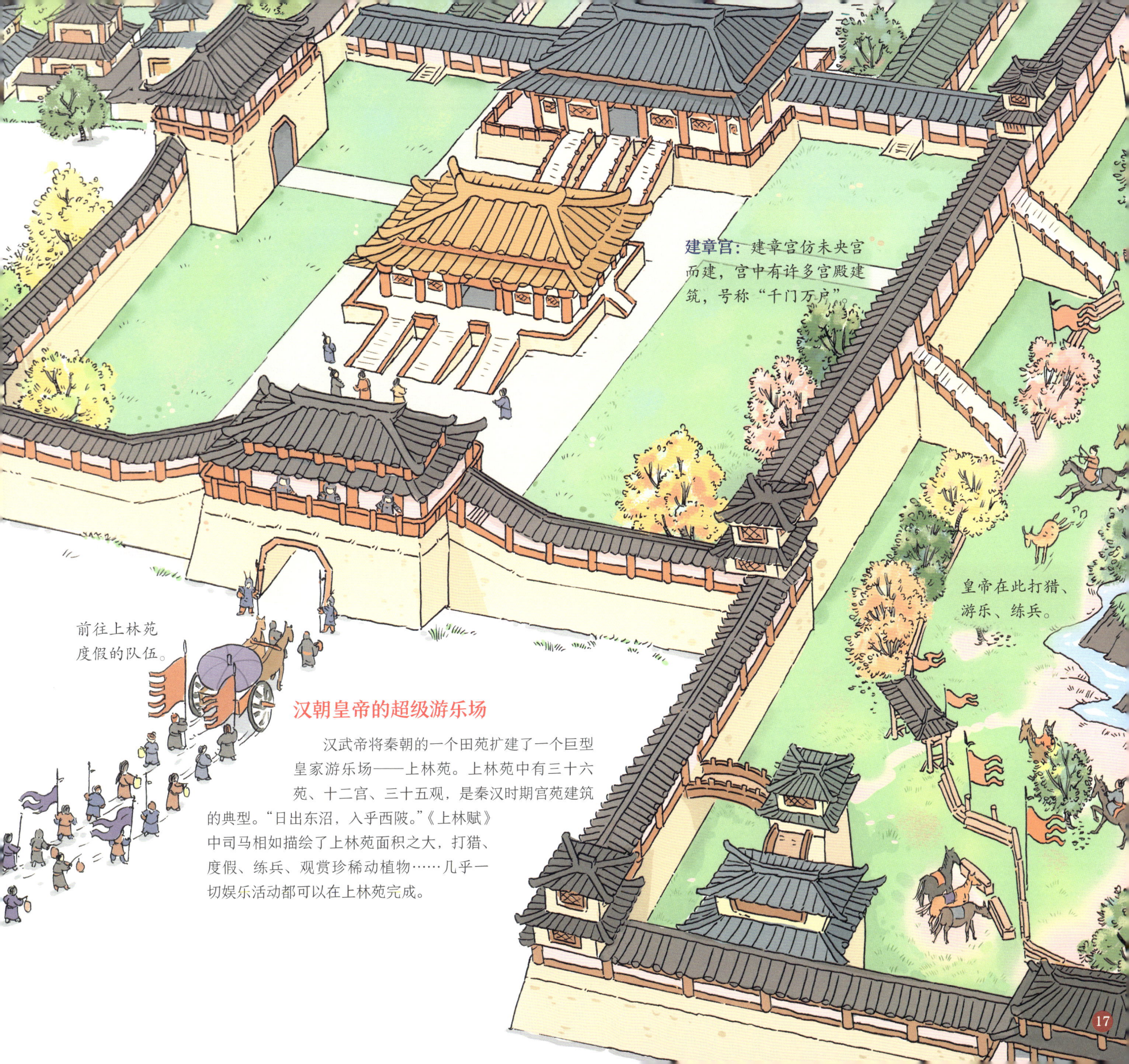

建章宫：建章宫仿未央宫而建，宫中有许多宫殿建筑，号称"千门万户"。

皇帝在此打猎、游乐、练兵。

前往上林苑度假的队伍。

汉朝皇帝的超级游乐场

汉武帝将秦朝的一个田苑扩建了一个巨型皇家游乐场——上林苑。上林苑中有三十六苑、十二宫、三十五观，是秦汉时期宫苑建筑的典型。"日出东沼，入乎西陂。"《上林赋》中司马相如描绘了上林苑面积之大，打猎、度假、练兵、观赏珍稀动植物……几乎一切娱乐活动都可以在上林苑完成。

长安的商业贸易

汉朝建立之初不断受到匈奴的侵扰，汉武帝派兵击败了匈奴，加强和西域各国的商贸往来。汉朝的丝绸以及其他商品从长安出发，远销至西亚和欧洲，西域的马匹以及各类瓜果和器物也通过长安进入全国。一时间长安商业贸易繁盛至极。

开辟了丝绸之路

汉武帝派遣张骞两次出使西域，联络西域诸国对付匈奴，他的出使让汉朝对西域各国有了一定的了解，也开辟了丝绸之路，为汉朝与西亚、南亚以及欧洲之间的商贸往来构建了桥梁。

张骞：丝绸之路的开拓者，也是著名的外交家。

槐市：每到农历初一和十五，学生们就会聚集在太学附近的槐树林下，带着书籍、乐器等互相交易。

毛皮肆：售卖毛皮的店铺。从西域进口的毛毯在长安极受欢迎。

丝织肆：售卖丝绸制品的店铺。在罗马，汉朝的丝和黄金等价。

枣栗肆：售卖枣和栗等干果货物的店铺。

市令：负责管理市场、检查商人货物的官员。

历史小百科

长安九市是汉朝长安的九个市场，店铺按照经营的货物不同而分类排列。

进口食物：胡瓜（黄瓜）、胡桃（核桃）石榴、大蒜、芝麻等西域特产通过丝绸之路，由胡地传入，因此多带有"胡"字。

繁华下的危机

汉武帝北伐匈奴极大地消耗了国库，朝廷开始加重赋税。西汉后期，社会的贫富分化变得严重，长安涌现出一大批富豪，他们和官员互相勾结，扰乱社会。

赵君都：长安名豪，以卖酒为业，豢养刺客。

长安豉：制作和经营豆豉的樊少翁，家境殷实。

长安丹：卖丹药的王君房，是京城的大富豪。

贫富差距越来越大

西汉晚期，富商和农民之间的矛盾越来越深，商人们兼并土地、哄抬物价，农民们失去了赖以生存的土地。同时，长安发生连年的灾害，农民四处流亡，巨大的危机即将来临。

历史小百科

汉景帝时期国库空虚，为了平定叛乱，景帝向富商借款，只有无盐氏愿意借钱，但要收取10倍的高额利息。汉朝流行用钱买官，西汉黄霸在汉武帝时期两次买官，最终成为丞相还封了侯。

游侠：好打抱不平、劫富济贫的侠客。

流氓集团：不工作、专做坏事的人。他们有的被官员雇用，在市场上抢夺钱财。

五陵少年： 汉初五个皇帝陵墓周围都聚居了许多富豪之家，后来用五陵少年泛指纨绔子弟。

西汉末年爆发了大规模的农民起义，长安人口大量减少，城市被打砸毁坏。此后，虽然几经修葺，但是朝代更迭带来的战火，还是把长安一步步推向了衰败。

不过，长安的传奇还没有结束，旧长安没落了，新长安的故事即将谱写。

唐朝
长安

隋文帝杨坚结束了东晋以来的分裂局面,统一了天下。杨坚下令重建都城,长安开始重新焕发生机。隋朝的短暂统治被唐朝取代后,长安终于再次迎来了它历史上辉煌的时刻。从此,长安这个名字将和大唐一起成为世界上十分璀璨的明珠。

登科后

[唐]孟郊

昔日龌龊不足夸,今朝放荡思无涯。
春风得意马蹄疾,一日看尽长安花。

《登科后》写于孟郊46岁终于进士及第时。唐朝是科举制度的兴盛时期,每年农历二三月,长安春风吹拂、春花盛开,科举考试也在这时放榜。一时间长安街道车马无数,人潮如流。展现在孟郊眼前的似乎是大好的前程、美好的前景。

崭新的超级大城市

隋文帝最初定都在汉朝旧长安城。此时的旧长安已经修修补补使用了近800年，垃圾和污水处理系统失灵，导致长安的水变得又咸又苦，无法饮用。城市也老旧拥挤，房屋时常倒塌，居住十分不便。

干脆建座新城市

忍无可忍的隋文帝下令在汉长安城的东南面赶紧重新修建都城，并且一定要快！他一口气调用了几十万人，只花了9个多月就修建了一座全新的城市，取名大兴城。城内宫城、皇城、住宅区、寺庙、集市等一应俱全。唐朝建立后，大兴城改名为长安城。

历史小百科

长安城共有108个坊。每个坊都是相对封闭的小社区，四周修筑了坊墙。整个长安城看起来就像是大城当中套了很多的小城。"百千家似围棋局，十二街如种菜畦。"白居易的诗中描绘的就是这般景象。坊中有寺庙、住宅，晚唐时又出现小商铺等，方便坊中百姓生活。

长安城迎来了它辉煌的时刻

唐朝的统治者又在长安城建造了多座宫殿以供使用，这个时期的长安城面积约等于 2.54 个汉长安城，6.39 个古罗马城，鼎盛时期人口约为 100 万。在当时甚至是以后的近千年里，中国再也没有比它更大的城市了。

坊门： 长安实行宵禁，到时间坊门就会关闭，但坊中的生活不受限制。

历史小百科

大明宫，比紫禁城大 4 倍多，是中国历史上最大的宫殿群。修建时，京城的官员们还削减了一个月的工资来筹集修建款，大明宫也是整个大唐帝国繁荣的象征。

国际化的政治文化中心

唐朝初期的统治者治理国家很有方法,君臣一起努力把大唐建设成了空前强大的帝国。同时实行了非常开放的对外政策,吸引了世界各国的人来到大唐。长安作为帝国的中心,成了很多外国人向往的地方。

去长安学习和做官

开放包容的大唐让众多外国人慕名前往,他们中的不少人喜欢长安的繁华和先进而留在了这里。日本派遣过十几次遣唐使团来大唐学习中国文化。唐朝与世界许多国家的文化交流非常频繁,甚至有不少外国人在唐朝做官。

鸿胪寺:各少数民族首领或是外国使者来到长安,由鸿胪寺负责确定接待级别。

历史小百科

遣唐使中最杰出的代表是阿倍仲麻吕,中文名叫晁衡。他在唐朝学习、做官,为中日交流做出了巨大的贡献。他最终在长安去世,享年72岁。

阿倍仲麻吕有一次回国遇到风暴,当时传闻他在海上遇难,李白写下一首诗纪念他:"日本晁卿辞帝都,征帆一片绕蓬壶。明月不归沉碧海,白云愁色满苍梧。"

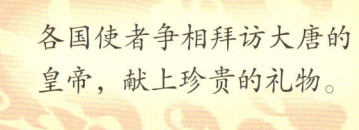

各国使者争相拜访大唐的皇帝,献上珍贵的礼物。

接见世界各地的使者

大唐皇帝会在大明宫的含元殿接见各国使者。王维在一首诗中写道："九天阊阖开宫殿，万国衣冠拜冕旒。"描绘的正是这一幕。

历史小趣闻

从唐太宗时期开始，唐朝的文化与制度就广泛传播到日本、新罗等国家，备受欢迎。唐朝作为当时最强盛的帝国，声名远扬海外，因此，唐朝以后海外多称中国人为唐人。

唐玄宗：李隆基，唐朝在位时间最长的皇帝。

国际化的商业中心

东市和西市是唐朝长安最繁华的商业中心，吃饭、逛街、购物、游玩等几乎一切的服务都能满足。在这里，可以看见来自天南地北的商户，有阿拉伯面食、罗马医药、印度杂技、波斯服装……长安人的生活非常国际化。

常平仓：调节粮价、稳定市场的机构。

胡商正在交易。

历史小百科

驿站不仅能够传送信件，还提供餐饮住宿，甚至还有"快递"服务。山东的海鲜、四川的荔枝，都能够经驿站快速运送到长安城。"一骑红尘妃子笑，无人知是荔枝来"，杨贵妃能吃上荔枝靠的就是这发达的驿站系统。

茶马车队：以官茶换取少数民族地区的马匹，来往车队非常繁忙。

酒楼：酒楼外面会插上彩旗、灯笼吸引旅客。每逢节日，酒楼还会推出节令限定新品。

原来"买东西"是这么来的

在长安购物，一定会去东市或者西市。慢慢地，就诞生了"买东西"的说法。不过，唐朝时东西市有严格的开放时间。每天中午敲鼓300下开放，傍晚敲钲300下关闭，不允许随意逗留。

售卖罗马医药。

李白在酒肆喝酒高歌。

茶肆：唐朝流行煎茶或煮茶，喜爱在茶中加入盐、葱、姜和胡椒等。

波斯邸店：长安著名酒店，由波斯人经营，店外一般有胡姬跳舞招徕客人。

长安城里的度假胜地

欣欣向荣的大唐帝国进入了全盛时期。长安修建了许多华丽的宫殿，唐玄宗还在城南翻修了曲江池，打造出了著名的游赏胜地。

在居民区里建一座皇宫

唐玄宗将兴庆坊改造为兴庆宫，经常在这里观赏大型文艺演出活动。兴庆宫也是开元、天宝年间的政治中心。

沉香亭：位于兴庆宫内，唐玄宗经常在此宴饮、赏花。

历史小趣闻

有一次唐玄宗和杨玉环在沉香亭赏花，召李白来写诗助兴，李白在这里写出了"云想衣裳花想容，春风拂槛露华浓"这样绝美的诗句。

给百姓修建度假用的公园

新修建的曲江池很快成了长安最有名的公园,无论是王公贵族还是平民百姓,都喜欢来这里出游度假,文人墨客的宴会也经常在这里举行。此时,新科进士们也会受皇帝邀请参加聚会,官宦人家也会带上家眷,在这时挑选如意郎君。这里成了长安城的文化中心和娱乐中心。

> **历史小趣闻**
>
> 每年三月三,即上巳节,长安城的女子都会穿上漂亮的衣服,带上餐具行李,来到郊外踏春游玩。杜甫的《丽人行》中"三月三日空气新,长安水边多丽人",描写的正是这时的景象。

黄渠桥

曲江池:城东南的人工湖泊,是长安人郊游踏青的地方。

曲江池中的彩船,供宰相和翰林学士乘游,赋诗行乐。

曲水流觞:新科进士及第后,皇帝在曲江池赐宴,新科进士们坐在曲江池旁,借着流水饮酒即兴赋诗。

31

轰动全城的狂欢节

开元年间（713—741），长安城成为世界上最大、最繁华的城市。老百姓比较富足，长安城内路不拾遗，夜不闭户。

这么好的时代，皇帝自然希望能与他的子民共享此番成就。上元节就是唐朝全民的狂欢节，成千上万盏灯将长安城点缀得如同仙境，街市上火树银花，人流如潮，三天三夜，欢乐不尽。

花灯车

许永新：唐朝明星歌手，著名的宫廷音乐家。

耍百戏：民间表演艺术的统称。

上元节时，百姓戴着野兽面具跳舞。

拔河：唐朝流行的节日活动。

创造一个太平盛世

"忆昔开元全盛日，小邑犹藏万家室。稻米流脂粟米白，公私仓廪俱丰实。"杜甫的诗句描绘出了大唐帝国辉煌的画面。唐玄宗登上长安城里宏伟华丽的花萼相辉楼，俯瞰繁华至极的都城，心中的满足感油然而生。

灯楼：唐玄宗命人用丝绢扎成的高楼，灯楼上用珠宝玉石、金银来装饰。

花萼相辉楼：长安城里著名的地标，是唐玄宗与民同乐的地方，被称为"天下第一楼"。

踏歌：传统的民间集体歌舞形式，边歌边舞。

唐玄宗

历史小百科

唐朝实行宵禁政策，夜不外出，但是每逢上元节前后共三日，从王公贵族到平民百姓，都可以走出坊门夜游，上元节是唐朝最重要的节日之一。

失去光华的长安城

大唐的盛世并没有持续太久。在长安城的繁华背后，危机其实早已暗藏。晚年的唐玄宗醉心于享乐，宠幸奸臣，其中胡人安禄山最受唐玄宗的喜爱和信任，但这最终导致了一场巨大的动乱，帝国命运的转折点来临了。

安禄山：极其擅长溜须拍马。一个三百多斤的大胖子，跳胡旋舞时却快如旋风。

会跳舞的安禄山叛乱了

宰相杨国忠十分嫉恨安禄山，向唐玄宗说安禄山一定会造反。安禄山本来就有这份心思，于是借口讨伐杨国忠，安禄山联合史思明发动叛乱，史称"安史之乱"。叛乱最终被平定，但八年战乱造成的伤害，导致大唐由盛转衰，走向没落。

繁华不再的唐朝

安史之乱后,大唐帝国的历史还延绵了一百多年,其中有过几次中兴的局面,但整体上在走下坡路。皇帝逐渐失去了对国家的掌控,军阀割据,战争不断。尤其是唐朝末期爆发了大规模的农民起义,彻底动摇了帝国的统治。

历史小百科

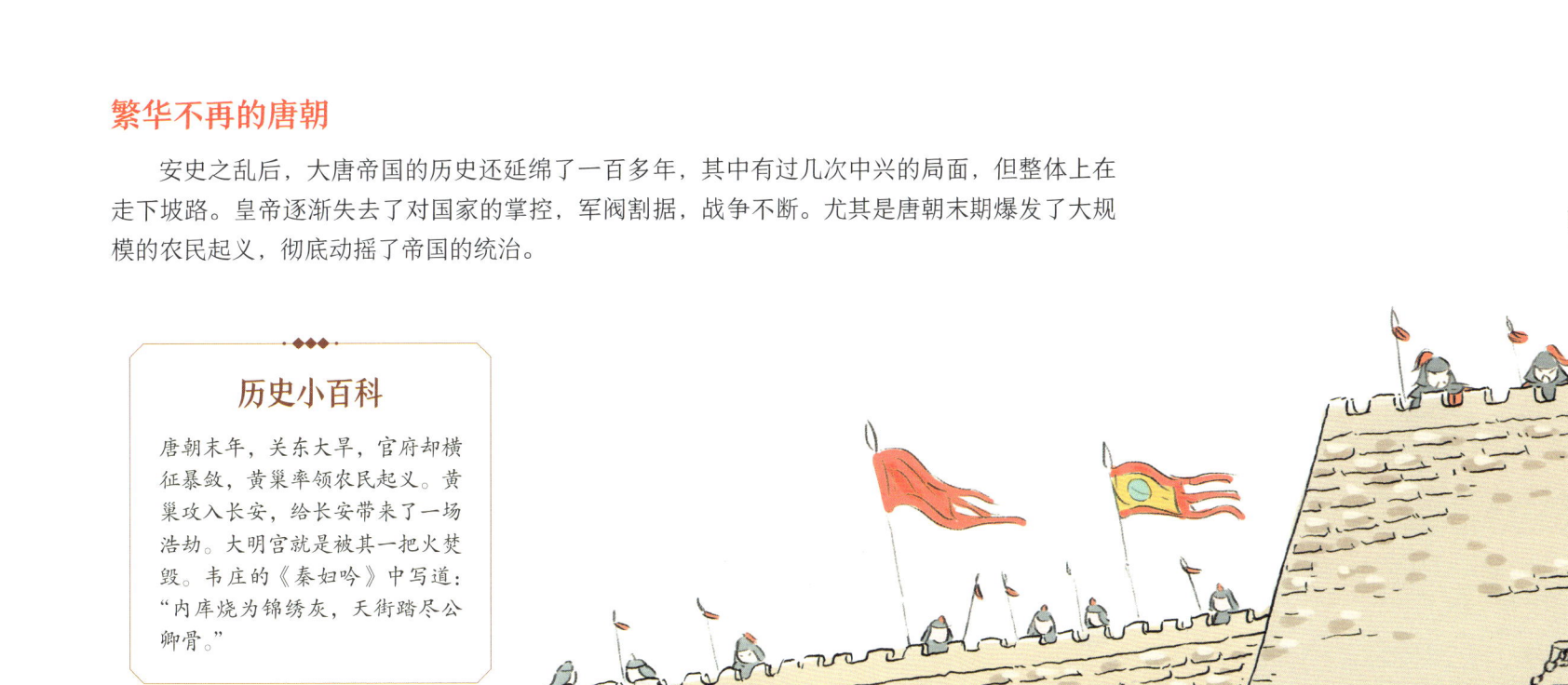

唐朝末年,关东大旱,官府却横征暴敛,黄巢率领农民起义。黄巢攻入长安,给长安带来了一场浩劫。大明宫就是被其一把火焚毁。韦庄的《秦妇吟》中写道:"内库烧为锦绣灰,天街踏尽公卿骨。"

904 年,军阀朱温逼迫皇帝迁都洛阳,强令长安城的百姓全部搬迁,把建筑中的木材沿着黄河流向洛阳,来建造洛阳的宫殿。长安从建筑到人口被彻底洗劫一空。

长安城,这座伟大的城市没落了,几乎化为一片废墟。

明清
西安

长安被毁后，这座城市被唐朝节度使韩建进行了改筑，城市的规模大大缩小了，这座改筑的新城也被后面的朝代一直沿用。明初，大将徐达进军到此，将这里改名为西安，这座城市翻开了新的篇章。

早春长安道上

[明] 区大相

双阙丽朝霞，千门竞岁华。
苑云微带雪，宫柳半藏鸦。
结驷过平乐，扬鞭赴狭斜。
春风才几日，先发上林花。

这是一首描写早春西安的诗。早春时节，冰雪还没有完全消融，但是此时西安已经有了朦胧春意，城外野花渐开、杨柳转青，百姓争相出城游赏，西安城市也和这春景一样，又渐渐复苏发展。

渐渐复苏的西安

明朝给西安取这个名字,自然是希望西北安定。明太祖朱元璋派太子朱标视察西安,打算迁都于此。西安极有可能借此再次成为帝国的都城,可惜随着太子视察结束后染病去世,迁都的事情不了了之。

鼓楼: 和钟楼相对而立,用作每日击鼓报时。

一座高大坚固的堡垒

随着西安的人口逐渐增多,城市也开始进行一系列建设。明朝在全国实行"高筑墙"的政策,西安作为军事重镇,新修筑的城墙高大坚固,城墙上可以进行军事操练。

遥相呼应的地标建成了

古代城市平时依靠早晨敲钟、傍晚击鼓来报时，这也是"晨钟暮鼓"的由来。明朝在西安城中心修建了钟楼和鼓楼，作为全城的中心建筑以及预警指挥中心。直到今天，钟楼和鼓楼依旧是西安的著名地标建筑。

历史小百科

明朝后期，由于城市发展，城中心进行了转移，因此将钟楼进行了迁移，除了基座是重新砌筑的以外，钟楼的建筑楼体，全部是从原楼拆卸再重新组装完成的。

钟楼： 西安钟楼是中国现有钟楼中最大、保存最完整的一座。

日益完善的城市

明清时期，西安是西北地区最大的城市。这一时期，西安商业贸易十分发达，来自全国各地的商贸团队也在这里经商定居，西安成为一个多民族聚居的城市。

唐蕃古道：西域到达西安的必经道路之一。

生意越做越红火

西安是西北地区最大的经济中心，西北地区的马匹、牛羊通过西安进行转销，南方的茶叶等商品也随着丝绸之路运向西北，出口西域。西安集中了天南地北的货物，成为贸易的中转站。

骡马市：西安著名的商业中心。

历史小趣闻

明清时期，土豆、玉米经过西安传到了西北地区，成为西北美食中重要的食材。辣椒由南方传到了西安，变成西安特色的"油泼辣子"。

历史小趣闻

明清时期，西安城的街市大部分依据市场交易类型划分，形成了品类齐全的小市场，并且依然保留至今，演变成现代西安的街巷路名。

木头市

羊市街

尽管西安已经不再作为都城，但是它依然引领着西北地区的发展，成为西北的中心，也形成了今天西安的雏形。如今的西安，城市的地名、风俗、饮食等各方面都深受明清时期的影响。

炮房街

现代 西安

雄伟的古城墙屹立在西安城的中心,叙述着城市的过往与兴衰。同时,新时代的机遇已经来临,作为曾经的丝绸之路的起点,西安重新焕发出蓬勃的朝气,继续书写着属于它的传奇。

43

西安的古城墙

"城"最初的意思是筑土围民而成国，城墙就是古代为了防御外敌而修建的防御设施。因此，在中国古代几乎每一个城市都建有城墙，西安城墙是现存城墙中规模最大、保存最完好的古代城垣。

1 在早期的人类聚居区，为了避免自己的领地被占领，各个部落在聚落周围挖掘壕沟御敌。

2 随着生产技术的发展，聚落逐渐演变为城市，壕沟不能满足防御需求，因此向上堆砌的墙体开始出现，这就是城墙。

3 唐宋时期，城墙设施已经很完备了。有了城门、护城河等常规城墙设施，但是这一时期的城墙大多还是由黄土堆成。

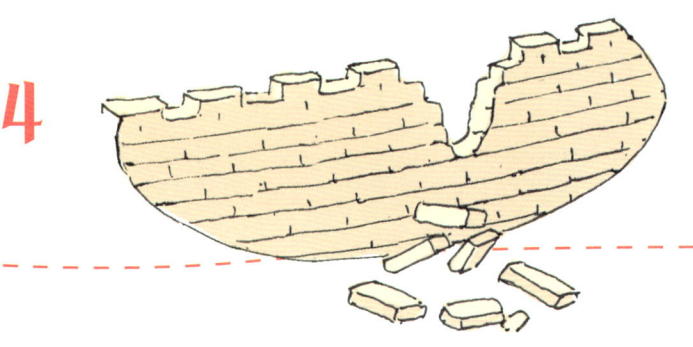

4 明朝中后期，陕西巡抚张祉给西安城城墙外层包砖，清代毕沅对墙体进行了加固，同时改善了排水系统，形成了我们今天看到的西安城墙。

西安城墙

角楼
镇守四方，位于城墙的四角。战时辅助城楼、箭楼作战，可用于观察敌情和防御。

敌楼
也叫团楼，可以用来藏兵储粮，雨雪天气为士兵防雨。士兵在团楼里面值守，一遇敌情可以随时投入战斗。

闸楼——第二道防线
专门升降吊桥使用的小楼。只有从闸楼上放下吊桥，城外人才能进入。平时放下吊桥，战时则拉起吊桥。

城门——第五道防线
门扇高大结实，门扇用16厘米厚的木板制成，重达3吨多，门扇上钉有1800个泡钉防止破城。

箭楼——第三道防线
高30余米，外面墙体笔直，箭孔密布，便于瞭望和射击。

瓮城——第四道防线
保护城门的半月形小城，小城内可驻防部队。如果敌人突入瓮城则可形成瓮中捉鳖之势。

马面
又叫敌台，凸出城墙墙体外的部分，因为外观像马脸而得名。增加了防御能力，使射击面由平面转为三个方向的立体面。

护城河——第一道防线
城墙的最佳搭档，"城池"一词，就是城墙和护城河的合称。

45

游古诗词里的西安

终南山

明月松间照，清泉石上流。——[唐]王维

终南山位于西安南部，是著名的隐居之地，从古至今有无数隐士隐居在山上。这句诗就是王维在终南山隐居时写的。

> "福如东海，寿比南山"中的南山就是指终南山！

华清宫

一骑红尘妃子笑，无人知是荔枝来。——[唐]杜牧

华清宫位于骊山脚下，唐朝帝王喜欢来这泡温泉度假，据说唐玄宗命人将荔枝从南方运往长安，一路上驿马累倒无数，就为了博杨贵妃一笑。

> 现在，华清池还保留着玄宗和杨贵妃的"专属澡堂"呢！

乐游原

夕阳无限好，只是近黄昏。——[唐]李商隐

乐游原位于西安东南，是汉唐时期长安城的最高点。汉唐时期，仕女纷纷驱车来这里郊游野餐、举行宴会。

> 登上乐游原就可以俯瞰整个长安城啦！

小雁塔

嗡呚初破晓来霜，落月迟迟满大荒。——[清]朱集义

小雁塔建于唐中宗景龙元年（707），距今1300多年。其地基成半球状，逐级加深，有减缓地应力的作用。塔身坚固，虽历经千年风雨摧剥和地震影响，仍裂而不倒。小雁塔所在的荐福寺原有一口金朝铁钟，声音洪亮，清朝被纳入"关中八景"之"雁塔晨钟"，享誉中外。

> 著名的"雁塔晨钟"，说的就是这里！

慈恩塔下题名处，十七人中最少年。——［唐］白居易

大雁塔是玄奘西天取经后，为存放经书佛像而建，也叫慈恩寺塔。唐中宗时期成为科举进士们题名的地方，大雁塔下摆放有专门的石碑，方便考上进士的考生打卡，刻下自己的名字。

三月三日空气新，长安水边多丽人。——［唐］杜甫

芙蓉园位于西安南部，在古代为皇家园林，其中曲江池是唐朝长安唯一的公共园林。每年三月仕女们会前来踏青春游，新科进士以及文人则会按照曲水流觞的习俗，将装了酒杯的盘子放在水上，顺流而下，转至谁面前，谁就执杯畅饮，或者作诗一首。

芙蓉园 曲江池

如今，大唐芙蓉园成为展现盛唐风貌的文化主题公园。

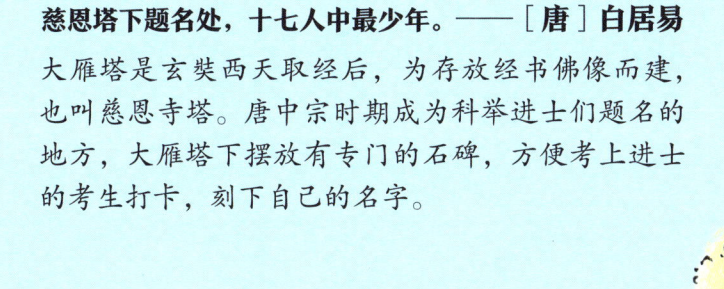

大雁塔

白居易27岁高中进士，是他的同期生中最年轻的一位！

秦楼月，年年柳色，灞陵伤别。——［唐］李白

灞桥位于西安东郊灞河之上。唐朝灞河两岸种满柳树，灞桥上设立驿站，送别亲人好友，都会在灞桥分别，并折下桥头柳枝相赠。

灞桥

"柳"谐音"留"，古人习惯用这样委婉的方式表达不舍和挽留。

47

创作团队

段张取艺文化工作室，成立于2011年，扎根童书领域多年，致力于用极致的专业能力和丰富的想象力打造精品图书。出版了300余本儿童读物，主要作品有《皇帝的一天》《逗逗镇的成语故事》《拼音真好玩》《给男孩的情绪管理绘本》《文言文太容易啦》《西游漫游记》等，版权输出至俄罗斯、韩国、尼泊尔等国家和地区。

出品人：段颖婷

创意策划：张卓明　段颖婷

项目统筹：陈依雪

文字编创：张卓明　王黎

插图绘制：韦秀燕　李勇志

参考书目

《梦回唐朝》，王南著，新星出版社

《丰镐—长安—西安》，马正林著，陕西人民出版社

《走向古都西安》，周芳德编著，西安交通大学出版社

《秦始皇陵兵马俑》，秦始皇兵马俑博物馆编，文物出版社

《秦汉都城研究》，徐卫民著，三秦出版社

《秦汉生活史话》，王凯旋著，东北大学出版社

《汉代都邑与文学》，侯文学著，上海古籍出版社

《中国古代军戎服饰》，刘永华著，清华大学出版社

《中国古代车舆马具》，刘永华著，清华大学出版社

《中国历代服饰集萃》，刘永华著，清华大学出版社

《中国服饰通史》，刘永华著，江苏凤凰少年儿童出版社

《唐朝穿越指南》，森林鹿著，北京联合出版公司

《中国古代文化常识》，王力主编，北京联合出版公司

《中国古代建筑历史图说》，侯幼彬、李婉贞编，中国建筑工业出版社

《画说中国历代甲胄》，陈大威编著、绘，化学工业出版社

《古建筑日读》，王其钧著，中华书局

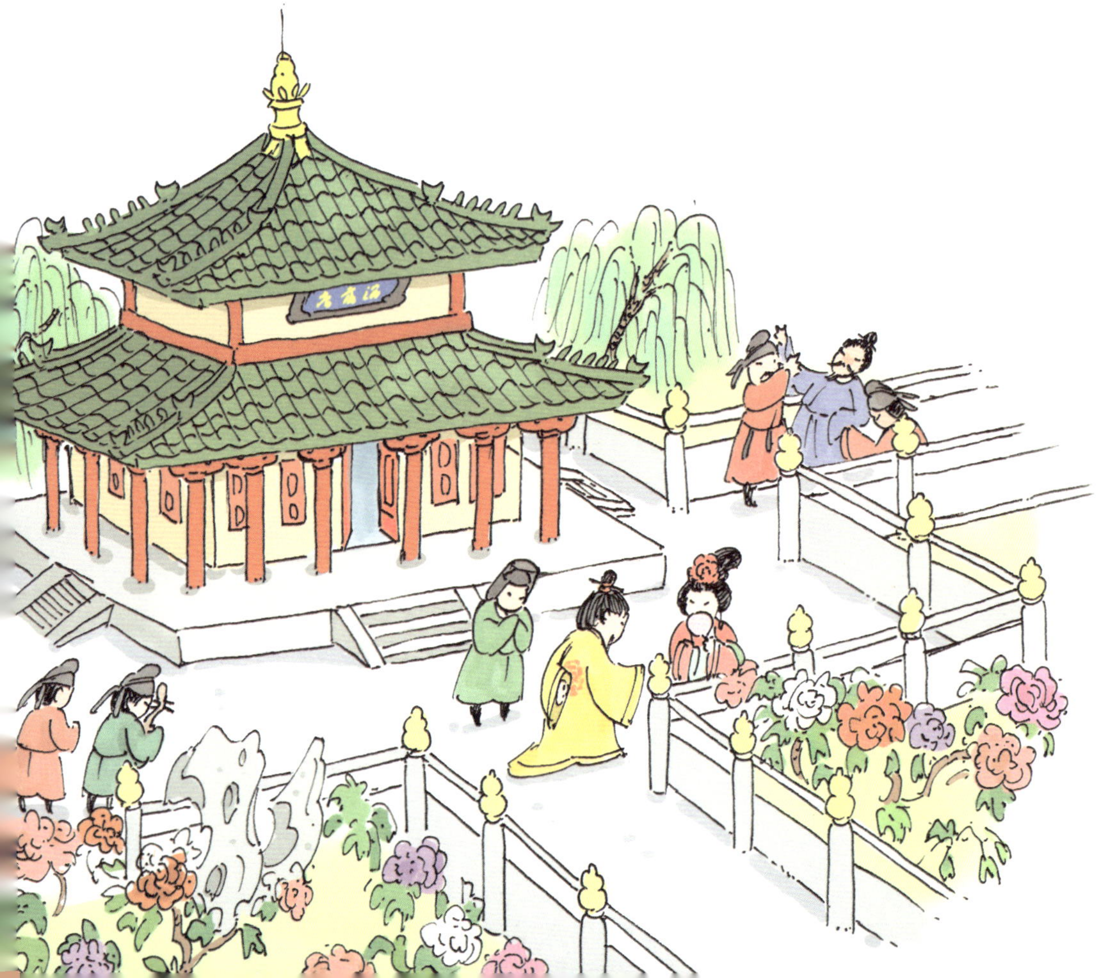